QUELQUES CONSIDÉRATIONS

SUR LA LOI PROJETÉE

POUR L'ÉTABLISSEMENT D'UN DROIT

DE FR. 5 PAR 100 KILOG.

A L'ENTRÉE DES CÉRÉALES EN FRANCE

PAR J.-B. VILGRAIN

— FROUARD, NOVEMBRE 1884 —

NANCY

IMPRIMERIE PAUL SORDOILLET

51, Rue Saint-Dizier, 51.

1884

QUELQUES CONSIDÉRATIONS

SUR LA LOI PROJETÉE

POUR L'ÉTABLISSEMENT D'UN DROIT

DE FR. 5 PAR 100 KILOG.

A L'ENTRÉE DES CÉRÉALES EN FRANCE

Par J.-B. VILGRAIN

— FROUARD, NOVEMBRE 1884

NANCY

IMPRIMERIE PAUL SORDOILLET

1884

QUELQUES CONSIDÉRATIONS

SUR LA LOI PROJETÉE

POUR L'ÉTABLISSEMENT D'UN DROIT

DE FR. 5 PAR 100 KILOG.

A L'ENTRÉE DES CÉRÉALES EN FRANCE

SITUATION ACTUELLE

La consommation du pain, en France, a été en progression sensible dans les dernières années.

Il y a 40 ans, la France, avec une production annuelle d'un peu moins de 100 millions d'hectolitres, avait parfois des trop pleins et les vendait à l'étranger.

Aujourd'hui la production, qui s'est peu accrue, a une moyenne entre 100 et 105 millions d'hectolitres, tandis que la consommation atteint presque 120 millions d'hectolitres et croîtra encore si rien ne vient entraver sa marche progressive et naturelle.

L'accroissement constaté dans la consommation tient surtout à l'élévation de la qualité du pain.

Tous les consommateurs veullent du pain blanc, très blanc même.

Anciennement, la population de la campagne mangeait du pain dans lequel entraient du seigle, de l'orge, voire même des pommes de terre. A la ville, la population ouvrière acceptait du pain de 2ᵉ et 3ᵉ qualité.

Ce sont des habitudes qui achèvent de disparaître, le pain blanc est maintenant presque partout.

Il arrive donc ceci : c'est que dans le passé, 100 kil. de blé produisaient 76 à 78 kilog. de farine panifiable, soit, transformés en pain à raison de :

·130 p. 100-100 kilog. de pain.

Le kilogramme de pain pour le kilogramme de blé.

Maintenant c'est exceptionnellement que le meunier, qui doit suivre les goûts du jour, peut tirer de 100 kilog. de blé, 70 kilog. de farine panifiable, soit à 130 p. 100 de rendement 91 kilog. de pain, par 100 kilog. de blé.

On saisit la loi d'accroissement :

Substitution du froment aux autres denrées qui entraient dans le pain.

Diminution du produit en pain par 100 kilog. de blé.

Diminution se continuant avec la marche des exigences des consommateurs.

Et enfin il est probable que, comme chiffre, la consommation moyenne de pain par individu s'est élevée en même temps que la qualité.

En examinant l'ensemble de ces causes on peut donc affirmer que le chiffre de la consommation du froment en France doit encore s'accroître.

Il faut du reste considérer ce qui se passe, au point de vue de la consommation du pain, comme un symptôme annonçant infailliblement une amélioration de la condition économique de la population française.

C'est un signe de richesse et non de ruine, voilà ce qu'il en faut conclure.

Donc de ce qui précède :

Consommation annuelle 120 millions d'hectolitres ; production 100 à 105 millions d'hectolitres.

Il ressort clairement de ces chiffres que notre pays est habituellement tributaire de l'étranger pour une portion considérable de sa consommation en froment.

Les habitudes d'approvisionnement sont maintenant prises, le commerce d'importation a été long à s'organiser, mais enfin, aujourd'hui, les relations sont à peu près créées (et ce ne sont pas choses qui s'improvisent) et plus de moitié des achats, peut-être les deux tiers, se font directement aux lieux de production, c'est-à-dire au meilleur marché.

Pour le reste, le commerce reste tributaire des marchés Belges et Anglais, marchés toujours très largement approvisionnés à cause de la liberté dont le commerce des grains y jouit.

La consommation française trouve donc en l'état actuel de notre législation, presque au meilleur marché possible, à combler ses besoins de froment.

Et les cours des froments en France sont, à 60 centimes près (car ne l'oublions pas nous avons déjà un droit de 60 centimes à l'entrée des blés en France), dans l'harmonie des cours des blés dans le monde entier.

Ces cours, quoi qu'on fasse et quels que soient les efforts individuels de spéculateurs locaux, s'établissent comme résultante de l'équilibre de l'offre et de la demande dans le monde entier, c'est-à-dire de la production générale mise en regard de la consommation universelle.

Cette situation offre aux populations une sécurité parfaite ; plus de disette, plus de soubresauts dans les cours des denrées, soubresauts dont les conséquences étaient si fatales pour les consommateurs pauvres ; l'équilibre de leur petit budget était à chaque instant faussé par des hausses inconsidérées.

Ainsi a été appliquée, au grand profit du consommateur français, cette vérité économique :

Plus le marché d'une denrée est élargi, plus les cours gagnent en stabilité et en vérité.

Il faut, en terminant l'exposé de cette situation, faire remarquer les bienfaits dont a profité la France comme conséquence de l'élargissement de son marché de céréales.

Les choses s'oublient si vite dans notre pays, qu'il faut les rappeler de temps en temps.

Les récoltes en France, de 1875 à 1881 inclus, ont été des récoltes désastreuses dans leur ensemble; cela eut été la disette, l'effroyable disette dont l'histoire sainte, avec les 7 vaches maigres, seule offrait le précédent, si notre commerce de grains n'avait, par ses achats à l'étranger, comblé les déficits.

Pendant ce laps de temps de 7 années, les prix, en France, ont été parfois élevés, mais ils n'ont jamais dépassé des limites acceptables pour les petites bourses de nos travailleurs.

Les progressions et les reculs dans les prix se sont faits avec calme, sans secousse brusque à noter. Avantage que seul pouvait donner un marché élargi presque libre.

Voilà la situation, l'ensemble de la population devrait s'en trouver heureuse, et pourtant de tous côtés des plaintes arrivent au gouvernement :

La culture se meurt. Les grains qui entrent en France et qui sont nécessaires pour contenter la faim de la population, reviennent à trop bon marché, les blés produits sur la terre française ne donnent plus compte au travailleur chargé de la faire fructifier.

La valeur locative de la terre descend et comme conséquence sa valeur vénale s'abaisse en même temps.

Les propriétaires de la terre, touchés dans leurs intérêts, jettent les hauts cris et demandent l'intervention de l'État.

Voilà où nous en sommes.

Nos gouvernants vont donc avoir à se prononcer sur une question de la plus haute gravité économique.

Il s'agit de savoir s'ils vont prendre en considération les plaintes de ce qu'on est convenu d'appeler la culture, et dans l'affirmative ils diront de quelle façon ils entendent le faire.

Il est à peu près convenu qu'on leur demandera de voter une loi douanière taxant les céréales à l'entrée, d'un droit élevé, on parle de 5 francs par 100 kil.

La mesure réclamée demande à être examinée sur toutes ses faces ; je veux pour commencer chiffrer ses conséquences.

RÉSULTATS

d'une loi taxant de 5 fr. par 100 kil. les blés à leur entrée en France.

Le but de la loi, il n'y a pas à le dissimuler, est de relever les prix des blés que chaque année la culture française met à la vente.

En fixant à 5 francs par 100 kil. le droit d'entrée, on a pensé, et cela avec quelque raison, qu'il se produisait pareil écart entre les cours des marchés français et la parité de ceux des marchés étrangers si la prime d'entrée n'existait pas.

En un mot que la culture vendrait les blés en moyenne de 5 francs de plus par sac.

Je pense prouver plus loin qu'on s'est trompé et que le droit d'entrée, porté à 5 francs, devra fatalement amener en moyenne une plus-value dépassant ce chiffre ; mais admettons-le provisoirement et chiffrons les résultats.

La consommation annuelle de la France est de 120 millions d'hectolitres, soit, à 75 kilog. l'un, 90 millions de quintaux métriques, sur lesquels il convient de déduire semence et nourriture à la ferme du cultivateur et de ses aides, 25 millions de quintaux.

98 — 25, reste 65 millions de quintaux mis à la vente, vendus 5 francs de plus par quintal, soit 325 millions de francs.

Ces 325 millions, nous verrons plus tard qui les empochera ; en attendant, cherchons qui va les payer.

Je sais bien qu'il s'est trouvé un député pour prétendre que les Français n'en payeraient pas leur pain plus cher et que ce seraient les intermédiaires, dont aujourd'hui les bénéfices sont exagérés, qui auraient à supporter lesdits 325 millions.

Beaucoup de gens, inexpérimentés, ne demanderaient pas mieux que d'adopter cette idée, laquelle en effet est fort consolante, car elle permet de penser qu'on peut faire beaucoup de bien à ce qu'on appelle la culture, sans toucher aux intérêts des consommateurs, qui sont le plus grand nombre et dont les intérêts doivent toujours être respectés.

Mais franchement, est-ce là un argument ?

C'est tout au plus une innocence économique, impossible à prendre au sérieux ; mais comme cette innocence s'est manifestée à la tribune de la Chambre des députés, et par les lèvres d'un de ses plus honorables membres, il faut pourtant y répondre quelques mots.

Les blés qui se produisent sur tous les points du

territoire vont quelquefois assez loin de leur lieu de production et changent de forme avant d'arriver à la portée de la main du consommateur, sous l'aspect d'excellent pain blanc.

De là, les intermédiaires :

Petits courtiers de campagne ;

Négociants en grains ;

Meuniers ;

Boulangers ;

Qui forment l'ensemble des agents de transformation et de répartition.

Cette phalange (j'en suis) a la prétention de rendre service à l'humanité ; en faisant cette besogne elle veut en vivre ; en conséquence, elle prélève salaire.

Ce salaire est limité, limité naturellement par la libre concurrence.

Viendra-t-on réglementer et abaisser ce salaire, et en vertu de quel droit ?

Après cela, j'ai bien tort de demander en vertu de quel droit ; — du train dont marchent nos députés, ils en réglementeront bien d'autres, car ils recherchent, cela est évident, en matière économique, le titre pour la République d'État-Providence.

L'écart de bénéfice pris habituellement par les intermédiaires n'est pas exagéré ; mais le serait-il, comment, législativement, interviendra-t-on ? Ah ! je sais, pour les boulangers, vous avez la taxe, et vous pensez faire miracle ; non pas en l'appliquant, car vous ne pouvez plus l'oser ; mais en vous en servant comme menace, comme pression, ce qui est tout simplement une abomination économique.

La liberté, — la boulangerie, comme tous les autres

corps de métiers, y a droit. Vous allez la lui donner, et ce sera bien faire pour tous.

Pour les administrations locales ;

Pour les consommateurs ;

Pour messieurs les boulangers.

Les administrations locales seront ainsi dégagées d'une responsabilité pleine de dangers.

Les consommateurs :

Parce qu'ils apprendront à s'occuper eux-mêmes directement de leurs intérêts dans la question du pain ; ils donneront la préférence de leur clientèle à celui qui viendra leur donner le pain en meilleure qualité et à meilleur compte ;

Ils opèreront pour leur pain, comme ils opèrent pour toutes les autres marchandises nécessaires à leur consommation, sans avoir le droit de mettre en cause — municipalité et gouvernement, lorsque prix et qualité leur déplairont ;

Ils apprendront au besoin à s'associer pour résister aux prétentions des vendeurs.

Quant aux boulangers, on leur enlèvera ainsi le droit de se plaindre et comme conséquence, ils n'auront plus le besoin de se syndiquer comme ils l'ont fait sur tous les points de la France, et nous verrons se produire pour le pain ce qui se passe pour les autres articles de consommation, la libre concurrence, produit direct de la liberté — liberté qui vivifie tout, même et surtout en matière économique.

Mais revenons à nos 325 millions dont nos députés vont assurer la recette à (la culture).

J'imagine que nos honorables n'ont pas un trésor caché, inépuisable, dans lequel ils puisent tranquillement; malheureusement en fait de trésor, ils n'ont que la poche des consommateurs.

Voilà donc l'opération.

Nos gouvernants trouvant mauvaise la répartition annuelle du produit du travail national, vont décider que les consommateurs de pain (consommateurs non agricoles) supporteront un impôt de 325 millions de francs. Les produits de cet impôt seront répartis comme je l'indiquerai plus loin, mais auparavant, je veux mettre sous les yeux la façon dont ils vont être perçus et au préjudice de qui cette opération sera faite.

Un kilogramme de pain, je l'ai dit, demande environ l'emploi de 1 kil. 100 gr. de blé-froment.

En augmentant de fr. 5 les 100 kil. la valeur à payer par le consommateur de 100 kil. blé, c'est augmenter de fr. 5,50 le prix de 100 kil. de pain, donc 0^f,055 par kilogramme de pain.

Rien de plus simple maintenant pour chacun de se rendre compte des charges résultant pour lui du nouvel impôt.

Chiffrons-les,

Et disons qu'un homme qui mange par jour l'équivalent de la ration du soldat :

750 grammes à 0^l,055 donnent :

0^f,04,125 par jour,

1^f,23,750 par mois.

soit 14^f,85,000 par an.

Mais nous savons qu'un ouvrier vigoureux mange 1 kilog. de pain par jour, soit par an 365 kil. produisant, à 05,5,   fr. 20,075.

Voyons maintenant un ménage d'ouvrier :

1 homme,

1 femme,

2 enfants.

Consommation minimum 2 kilog par jour, par an 730 kilog à fr. 05,5 = 40,15.

Le ménage nombreux et par conséquent plus pauvre :

   1 homme,

   1 femme,

   4 enfants.

Consommation minimum 3 kilog (le pain est là la grande base de l'alimentation et souvent atteint 4 kilogrammes).

  Par jour 3 kilog à 05,5 = 0,165,

    mois   —   = 4,950,

    an   —   = 59,40.

Cinquante-neuf francs quarante, entendez-vous.

Il me semble que tous raisonnements devraient s'arrêter là, car la chose est jugée, n'est-ce pas ?

Continuons à produire nos exemples :

Une consommation en pain d'un bureau de bienfaisance de petite localité :

  Annuellement 200 quintaux de pain

   à 5,50, soit 1,100 francs.

Un hospice, 200 personnes à 1/2 kilog. par jour, soit 100 kilog. :

  Par an 360 quintaux de pain

   à 5,50, soit, 1,980 francs.

Une Société coopérative de 1,000 membres environ :

  Consommation minimum annuelle

  3,600 quintaux pain à 5,50,

  soit 19,800 francs.

Assistance publique de Paris :

  Consommation minimum, 6,000 quintaux de pain

  par mois, soit par an 72,000 quintaux à 5,50,

  396,000 par an.

Enfin, la population de Paris, 11 à 12 mille quintaux de pain par jour, nous prenons le chiffre le plus faible :

11,000 quintaux à 5,50

= 55,000 francs par jour,

soit 19,800,000, ou près de vingt millions par an.

Pour établir ces chiffres, je n'ai fixé la plus-value du prix de pain que sur la base stricte des 5 francs de plus-value du prix des blés, mais tous les gens d'affaires comprendront facilement que l'établissement d'un pareil droit à nos frontières va couper court au mouvement régulier d'importation qui s'est établi. Ces importations ne pourront plus se faire qu'avec une défiance extrême du commerce et ces opérations ne se feront plus que par à-coup, et quand les écarts auront mis le commerçant importateur à l'abri des risques énormes qu'il aura à courir, risques découlant de la nouvelle situation économique.

Il faut se noter aussi que les achats de grains ne pourront plus se faire que très près de nous, sur les marchés environnants de la France, l'obligation de faire arriver vite ne permettra plus des achats aux sources de productions.

Le grand commerce d'importation disparaîtra et avec lui une partie de notre mouvement maritime.

Le complément de notre nourriture en froment nous arrivera donc en détail et chèrement et nous redeviendrons lestement les tributaires des commerces belges et anglais.

Je ne m'appuierai pas non plus sur la façon dont nos producteurs de céréales vont approvisionner nos marchés, nous allons revenir au bon temps où le ca-

price des cultivateurs fera loi, quinze jours de séche-
resse, quinze jours de pluie feront faire des fluctuations
capricieuses aux cours des denrées, la loi le voudra
ainsi, mais gare aux responsabilités.

Espérons qu'après cette loi, qu'on pourra appeler
la loi du minimum, en opposition avec celle du
maximum de triste souvenir, on fera encore quelques
ordonnances obligeant messieurs de la culture à
approvisionner régulièrement les marchés, on fixera
les quantités à amener par vendeur et du même coup
pour empêcher les disettes passagères on limitera le
maximum de la consommation individuelle en pain.
L'État-Providence doit bien cela à la société !

Maintenant que nous avons vu qui va payer, voyons
qui encaissera.

C'est la culture qui encaissera, allez-vous dire. Ah !
mais, entendons-nous, et que désignez-vous par la
culture ?

Les uns disent que la chose va profiter aux 24 millions d'habitants qui vivent du travail qu'ils donnent
à la terre, d'autres disent que ces travailleurs de la
terre ne sont que 19 millions.

Si vous le voulez, nous essaierons de chiffrer ce
qu'on veut bien appeler la culture.

La population des villes et celle des campagnes ont
en France, à peu de chose près, un chiffre pareil, et
l'on peut dire qu'il y a 19 millions de citadins et 19
millions d'habitants de la campagne.

Ces 19 millions de campagnards peuvent se décom-
poser ainsi qu'il suit :

6 millions, population attachée à la culture de la
vigne ;

2 millions à l'exploitation des forêts ;

2 millions, commerce et petites industries de village.

Ensemble, 10 millions, sur lesquels il est vrai la culture prend aux fenaisons et à la moisson le complément de ses travailleurs, mais lesquels 10 millions d'habitants achètent leur pain et supporteront par conséquent, sans compensation aucune, leur part du fardeau des 325 millions.

Il ne nous reste par conséquent que 9 millions d'habitants, se composant des agriculteurs, de leur famille et de leurs aides.

Maintenant il s'agit de chiffrer la part de chacun de ces 9 millions d'habitants dans la répartition des 325 millions ; c'est ce que nous allons essayer d'établir.

Pour faire cette besogne avec une exactitude mathématique, nous aurions besoin d'un document qu'il nous est impossible de nous procurer ; c'est celui qui nous indiquerait les chiffres du partage des terres.

Mais j'ai déjà eu l'occasion d'apprécier ce partage et voilà les résultats auxquels je suis arrivé :

Il y a en France 21 millions d'hectares de terres cultivables en céréales. Elles se décomposent ainsi :

1500 mille hectares de terrains communaux divisés à l'infini pour leur exploitation ;

1500 mille hectares en propriétés appartenant à un million do petits propriétaires, commerçants, petits industriels de campagne, manouvriers ruraux ;

7500 mille hectares divisés en 500 mille exploitations de 5 à 30 hectares, soit, en moyenne, 15 hectares ;

Et enfin 10.500 mille hectares divisés en exploitations de 30 hectares à mille et au-dessus, moyenne environ, 60 hectares de céréales ou terres à céréales, soit donc 175 mille propriétés.

Récapitulons :

   1.500 mille hectares de terrains communaux ;

   1.500   —   de petites propriétés.

Ensemble 3 millions d'hectares dont les produits en céréales sont consommés en grande partie par les exploitants. Le calcul qui va suivre indiquera la part prise par ces trois millions d'hectares dans la répartition des 325 millions.

Ensuite nous avons :

500 mille propriétaires ou fermiers exploitant en moyenne 15 hectares, soit le tiers en céréales chaque année, produit brut, 70 hectolitres ou . . . . 5.200 kilog.
A déduire, consommation à
la ferme . . . . 1.400   —
                              3.850   —   à vendre.

Prime, 5 fr. par 100 kil., soit fr. 192 50 dont le revenu de chacun se trouvera augmenté.

Pour finir nous avons :

175 mille exploitations de 60 hectares en moyenne, produit brut des 20 hectares mis annuellement en céréales, 280 hectolitres ou 210 quintaux métriques, à déduire, consommation à la ferme, 50 quintaux, reste 160 quintaux à la vente.

Lesquels à fr. 5 donnent une plus-value de 800 fr. annuellement.

Réunissons nos chiffres :

175 mille exploitations à 800 fr. l'une, soit 120.000.000

500 mille exploitations à 192 fr. 50 l'une,

soit.............................. 115.500.000

Il reste donc pour les 3 millions d'hectares,

terrains communaux et petites propriétés

une somme de..................... 13.500.000
                                   _____
                                   250.000.000

Somme perçue par l'État à l'entrée en

France des 15 millions de quintaux,

complément de la consommation (1)... 75.000.000
                                      _____
                                      325.000.000

Donc à la terre 250 millions,

à l'État 75 millions.

Les 250 millions, on le sait, ne suffisent pas à calmer les appétits de messieurs de la terre, car pour les 75 millions à encaisser par l'État, ils doivent aller aussi à la culture en application de dégrèvements divers des charges énormes qu'elle a dit-on à supporter.

Il est bien entendu, du reste, que ces 250 millions ou les 325 millions ne seront pas mis dans la tirelire de ceux qui encaisseront; non, ils vont s'empresser, par des achats immédiats, de les remettre en circulation, de façon à assurer le plus grand bien de l'humanité.

Voilà ce qu'on dit. Eh bien, avec le travail qui précède, nous n'avons pas encore trouvé le nombre et la qualité de ceux qui encaisseront d'une façon définitive

(1) La récolte de cette année, soit 1884, a été en France de 111 millions d'hectolitres, c'est-à-dire de 11 millions au-dessus de la moyenne sur laquelle sont établis nos chiffres ; avec le droit de fr. 5 la part de l'État ne serait plus, sur les 9 millions d'hectolitres à imposer, que de 33 millions 750 mille francs, celle de la terre française atteindrait 316 millions 250 mille francs.
_____
350 millions.

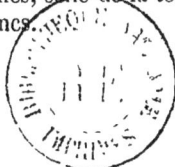

ces grosses sommes ; il faut donc continuer nos investigations.

Les 750 mille lots de terre appartiennent à deux genres de propriétaires.

L'un, le premier et le moins nombreux, exploite lui-même, l'autre fait exploiter ; ce dernier a ce qu'on appelle un fermier qui occupe et fait produire la terre moyennant redevance annuelle.

On peut estimer que, pour l'ensemble des terres cultivées, le nombre des hectares exploités par les propriétaires est à celui de ceux cultivés à façon dans la proportion de 1 est à 3.

Sur 750 mille lots de terre, le quart, soit environ 187,500 lots, sont cultivés par les propriétaires.

612,500 lots sont en location.

Et comme tel propriétaire possède souvent deux ou trois fermes et même plus, on peut affirmer qu'il ne doit pas y avoir plus de 500 mille propriétaires pour ces 612,500 lots.

La question à poser est celle-ci :

Qui profitera de la plus-value que l'on va appliquer aux produits de la terre ?

Est-ce le fermier ou le propriétaire ?

A cela, répondons :

Au propriétaire.

Le fermier ne peut faire qu'un profit passager ; si l'objet qu'il détient change de valeur, à son renouvellement de bail, le tribut qu'il paie s'élève ou s'abaisse.

En effet, de quoi se plaint-on aujourd'hui ? De ce que la terre se loue mal et qu'elle se vend mal.

Donc en présence, d'une part, l'ensemble des consommateurs, de l'autre les détenteurs du sol.

Eh bien, pour ces propriétaires, je ne voudrais pas

diminuer l'intérêt qu'ils peuvent inspirer, mais enfin on ne peut s'empêcher, par un classement, d'attribuer à chacun ce qui lui est dû dans la crise actuelle.

Il y a peu de chose à dire du propriétaire qui cultive lui-même son bien. Il est presque toujours un rude travailleur, la plus stricte économie règne dans sa maison, malheureusement ses procédés de culture sont souvent arriérés, comme bétail et outillage la routine fait règle chez lui. Mais il n'y a pas à s'occuper de ses affaires, car il ne se plaint pas, et ce n'est pas lui qu'on rencontre dans les réunions des Sociétés d'agriculture. Il ne se plaint pas, car l'aisance est chez lui, la société seule pourrait se plaindre, car, détenteur d'une partie du sol, il n'en obtient pas le maximum de produits.

Quant aux autres propriétaires, ceux qui se chiffrent par 500 mille (que nous voilà loin des 19 millions d'intéressés, disait-on) et dont la majeure partie habitent les villes, il faut pourtant leur dire en quoi ils fautent.

Ils nous ont parlé de leurs propriétés, de leurs revenus ; dans les Comices, dans les réunions des Sociétés d'agriculture, allez les entendre, lisez leurs articles dans les journaux, de tous côtés retentissent leurs clameurs.

Ah ! ils sont habiles à cette besogne.

Cela donne à tous le droit de leur répondre.

Disons-leur donc :

Votre travail ou celui de vos ancêtres a fait de vous les heureux du jour. Vous possédez la terre ; de cette partie de la fortune publique, faites-vous bon emploi ?

Avez-vous fait, pour faire produire cette terre, un choix judicieux de l'homme que vous avez appelé à la cultiver ? Ou bien tenant peu de compte de la valeur de l'homme, n'avez-vous pas apporté plus d'attention au prix plus ou moins élevé qu'on paierait le loyer de votre terre ?

A ce fermier dont la loi et la rédaction de vos baux ont fait non pas un locataire, mais moins qu'un serviteur pour vous, car celui-ci peut vous quitter quand il veut, tandis que votre malheureux fermier devient votre serf à temps et quelquefois à vie. A ce fermier, dis-je, apportez-vous, l'occasion venue, conseil et aide ?

Votre terre ne produit pas, que cela a-t-il d'étonnant quand on voit la routine et l'ignorance régner en maîtres dans la plus grande partie des exploitations.

La terre ne rapporte pas, nous le savons bien ! Les rendements moyens de 14 hectolitres à l'hectare l'indiquent, et de reste, et ce n'est pas avec un droit d'entrée sur les blés en France que vous changerez cette situation.

C'est autrement qu'en prenant 60 à 80 francs annuellement dans la poche d'un malheureux père de famille pour les porter dans celle d'un propriétaire qu'on y arrivera.

La question soulevée mérite d'être traitée à d'autres points de vue que ceux que je viens d'établir, et je le ferai certainement sous peu. Mais en attendant, je veux terminer cette étude en disant que je connais tel propriétaire qui possède 12 fermes, ensemble 4,000 hectares, mettant annuellement à la vente 11 à 12 mille quintaux de blé, et auquel le nouveau droit vaudra 60 mille francs de rente en plus ; et je connais aussi un malheureux ouvrier qui a 5 enfants et dont la consommation journalière est de 4 kilog. de pain ; les nouveaux droits augmenteront ses dépenses annuelles de 80 fr. 30.

Et maintenant qu'on fasse la loi si on l'ose.

www.ingramcontent.com/pod-product-compliance
Lightning Source LLC
Chambersburg PA
CBHW060713280326
41933CB00012B/2417